# Introduction

Les parents, guides précieux de la croissance de leurs enfants, sont souvent confrontés à des défis complexes et enrichissants. Cependant, il arrive que, malgré nos meilleures intentions, nous commettions des erreurs qui peuvent influencer le développement de nos enfants. Ces erreurs, parfois inconscientes, peuvent entraver la croissance émotionnelle, sociale et intellectuelle de nos petits. C'est précisément ces erreurs communes que nous explorons dans ce recueil, intitulé "Vos 10 erreurs en tant que parent qui empêchent votre enfant de grandir".

Ce recueil se veut une plongée profonde dans le monde complexe de la parentalité, offrant une exploration approfondie des erreurs fréquentes auxquelles les parents sont confrontés. Chaque chapitre se concentre sur une erreur spécifique, exposant les différentes facettes de son impact sur le développement de l'enfant. Notre objectif n'est pas de juger, mais plutôt d'éduquer et d'inspirer les parents à réfléchir à leurs pratiques éducatives.

Au fil des pages, les lecteurs seront invités à explorer les dynamiques familiales, à comprendre les motivations sous-jacentes derrière ces erreurs et à envisager des alternatives positives. Chaque erreur est présentée comme une occasion d'apprentissage, un moment où les parents peuvent ajuster leur approche pour favoriser un environnement éducatif plus sain.

Les dix erreurs explorées dans ce recueil sont ancrées dans des expériences réelles, des études de cas et des témoignages de parents du monde entier. Chaque chapitre offre une perspective éclairante sur les raisons pour lesquelles ces erreurs peuvent survenir et comment elles peuvent influencer le développement des enfants. Nous examinons de près les implications émotionnelles, sociales et cognitives de chaque erreur, offrant aux lecteurs une compréhension complète de leur impact potentiel.

Loin d'être un manuel de jugement, ce recueil se présente comme un guide compatissant pour les parents qui souhaitent améliorer leur compréhension de la parentalité. Chaque chapitre propose des conseils pratiques, des stratégies éducatives alternatives et des exemples concrets pour aider les parents à évoluer vers des approches plus saines.

Les histoires réelles de parents confrontés à ces erreurs, ainsi que leurs voyages de découverte et d'amélioration, servent d'inspiration pour tous ceux qui cherchent à grandir en tant que parents. Nous reconnaissons que personne n'est parfait, mais nous croyons fermement que chaque parent peut apprendre, évoluer et créer un environnement éducatif favorable.

En mettant l'accent sur l'importance de l'autoréflexion et du développement personnel, notre recueil encourage les parents à se voir comme des apprenants continus, prêts à s'engager dans un voyage d'amélioration constante. Chaque erreur est une opportunité de croissance personnelle, de renforcement des compétences parentales et de renforcement des relations familiales.

Bonne lecture !

# 1.   Absence de communication

L'absence de communication dans l'éducation des enfants peut avoir des conséquences profondes et durables sur leur développement émotionnel, social et intellectuel. La communication joue un rôle crucial dans la construction des relations, la résolution de conflits, et la transmission des valeurs familiales. Dans cet article, nous explorerons l'importance de la communication parent-enfant, les défis associés à son absence, et comment les parents peuvent améliorer leur communication pour favoriser un environnement éducatif sain.

La communication va bien au-delà des simples mots échangés. Elle englobe également les expressions faciales, le langage corporel, et la tonalité de la voix. Lorsqu'il y a une absence de communication dans la relation parent-enfant, cela peut se manifester de différentes manières. Certains parents peuvent être trop occupés pour accorder du temps à leurs enfants, tandis que d'autres peuvent ne pas être à l'aise pour discuter de sujets sensibles. Quelle que soit la raison, l'impact sur le développement de l'enfant peut être significatif.

Tout d'abord, l'absence de communication peut entraîner un manque de compréhension mutuelle. Les enfants ont besoin de sentir qu'ils peuvent partager leurs pensées, leurs préoccupations et leurs émotions avec leurs parents. Si la communication est absente, les enfants peuvent se sentir isolés et mal compris, ce qui peut affecter leur estime de soi et leur confiance envers les adultes.

De plus, la communication joue un rôle clé dans la construction des compétences sociales des enfants. Lorsque les parents n'encouragent pas le dialogue et l'interaction, les enfants peuvent avoir du mal à développer des compétences telles que l'empathie, la résolution de conflits et la compréhension des émotions des autres. Ces compétences sont cruciales pour établir des relations saines tout au long de la vie.

Sur le plan intellectuel, le manque de communication peut également entraver le développement cognitif de l'enfant. Les conversations stimulantes avec les parents aident à développer le vocabulaire, la pensée critique et la capacité à exprimer ses idées. Lorsque ces interactions sont absentes, l'enfant peut avoir du mal à développer ces compétences essentielles, ce qui peut affecter sa réussite scolaire et sa confiance en ses capacités intellectuelles.

Un autre aspect important de la communication parent-enfant est la transmission des valeurs familiales. Les parents jouent un rôle central dans l'enseignement des normes morales, des croyances et des comportements acceptables. Lorsqu'il y a une absence de communication à ce sujet, les enfants peuvent être laissés à eux-mêmes pour comprendre ce qui est important pour leur famille. Cela peut entraîner des malentendus, des conflits de valeurs et une confusion quant aux attentes familiales.

Les conséquences à long terme de l'absence de communication parent-enfant peuvent se manifester à l'âge adulte. Les individus qui ont grandi dans un environnement où la communication était limitée peuvent avoir du mal à établir des relations intimes, à exprimer leurs besoins et à gérer les conflits de manière constructive. Ces compétences sociales et émotionnelles sont souvent acquises dans l'enfance grâce à une communication saine avec les parents.

Il est important de reconnaître les défis spécifiques qui peuvent contribuer à l'absence de communication dans une famille. Des facteurs tels que des horaires chargés, des problèmes de travail, des différences culturelles, ou même des expériences passées peuvent influencer la dynamique de communication. En identifiant ces obstacles, les parents peuvent travailler à les surmonter et à créer un environnement plus propice à la communication.

Pour améliorer la communication parent-enfant, il est essentiel de créer un espace ouvert et accueillant où les enfants se sentent en sécurité pour partager leurs pensées et leurs émotions. Les parents peuvent encourager cela en consacrant du temps de qualité à leurs enfants, en participant activement à leurs activités et en montrant un véritable intérêt pour leur vie quotidienne.

L'écoute active est un élément clé de la communication efficace. Cela signifie écouter attentivement ce que l'enfant a à dire, poser des questions pour approfondir la compréhension, et montrer de l'empathie envers ses sentiments. La communication ne doit pas être un monologue, mais plutôt un dialogue ouvert où les deux parties se sentent entendues et respectées.

Il est également important d'adapter la communication en fonction de l'âge et du stade de développement de l'enfant. Les tout-petits peuvent avoir besoin de formes de communication plus simples, tandis que les adolescents peuvent nécessiter des discussions plus complexes sur des sujets tels que la prise de décision, la responsabilité et les conséquences de leurs actions.

**5 outils pour une communication saine et efficace :**

- Créer un espace de discussion ouvert :

Encouragez un environnement où les membres de la famille se sentent en sécurité pour exprimer leurs pensées et leurs émotions sans craindre de jugement. Cela peut se faire en instaurant des moments spécifiques pour discuter, en instaurant des rituels familiaux comme les repas partagés où chacun peut partager sa journée, ou en créant un tableau d'affichage où les membres de la famille peuvent laisser des messages.

- Pratiquer l'écoute active :

L'écoute active est cruciale pour une communication efficace. Cela implique de donner toute son attention à la personne qui parle, de faire preuve d'empathie et de poser des questions pour montrer que vous comprenez. Évitez les interruptions et concentrez-vous sur ce que dit l'autre plutôt que de planifier votre réponse.

- Utiliser des outils de communication :

Parfois, il peut être plus facile de s'exprimer par écrit, surtout pour les enfants plus âgés. Encouragez l'utilisation de journaux intimes, de messages écrits ou même d'applications de messagerie pour faciliter l'expression des pensées et des sentiments. Cela peut être particulièrement utile pour les adolescents qui peuvent trouver plus difficile de parler de certains sujets en face à face.

- Planifier des réunions familiales régulières :

Établissez des moments réguliers où la famille se réunit pour discuter des préoccupations, des projets à venir et des succès récents. Ces réunions fournissent un cadre structuré pour la communication et permettent à chacun de se sentir entendu. Assurez-vous que chaque membre de la famille a l'opportunité de s'exprimer.

- Éduquer sur la communication saine :

Enseignez activement aux membres de la famille des compétences de communication saine. Cela peut inclure des ateliers familiaux sur l'écoute active, l'expression des émotions de manière constructive et la résolution de conflits. Plus les membres de la famille comprennent l'importance de la communication, plus ils seront enclins à y participer activement.

# 2. Trop de contrôle

Lorsqu'il s'agit d'éduquer les enfants, le contrôle exercé par les parents peut être un élément délicat. Bien qu'un certain niveau de direction soit nécessaire pour assurer la sécurité et l'éducation, un excès de contrôle peut avoir des conséquences négatives sur le développement des enfants. Dans cet article, nous explorerons les impacts du trop de contrôle parental, les raisons qui peuvent le motiver, et comment trouver un équilibre entre la guidance nécessaire et la promotion de l'autonomie chez les enfants.

Le contrôle parental, lorsqu'il est exercé de manière excessive, peut entraîner une série de conséquences sur le développement des enfants. Tout d'abord, cela peut limiter leur capacité à prendre des décisions autonomes. Les enfants ont besoin de l'opportunité de faire des choix, même s'ils sont parfois accompagnés d'erreurs. C'est grâce à ces expériences qu'ils apprennent à prendre des décisions, à évaluer les conséquences de leurs actions et à développer leur sens de la responsabilité.

Un autre impact du trop de contrôle est le risque de réduire la confiance en soi des enfants. Lorsque les parents contrôlent chaque aspect de la vie de leur enfant, cela peut envoyer le message que leur opinion et leurs compétences ne sont pas valides. Cela peut créer un sentiment de dépendance et d'incapacité à fonctionner de manière indépendante, ce qui peut persister à l'âge adulte.

De plus, un contrôle excessif peut entraîner des tensions dans la relation parent-enfant. Les enfants ont naturellement besoin de développer leur propre identité et d'explorer le monde qui les entoure. Si les parents imposent trop de restrictions, cela peut entraîner des conflits, de la frustration, voire de la rébellion de la part des enfants. Une communication ouverte et une négociation appropriée sont souvent plus efficaces pour établir des limites et des règles, plutôt que d'imposer un contrôle strict.

Il est important de comprendre les motivations sous-jacentes au contrôle excessif. Certains parents peuvent exercer un contrôle excessif par peur pour la sécurité de leurs enfants, tandis que d'autres peuvent le faire par souci de perfection ou en raison de normes culturelles strictes. Les expériences passées des parents, y compris leur propre éducation, peuvent également influencer leur approche parentale.

La peur de l'échec peut être une motivation majeure derrière le contrôle excessif. Les parents veulent souvent protéger leurs enfants des erreurs et des échecs, pensant que cela les préservera de la douleur et du stress. Cependant, il est essentiel de reconnaître que l'échec fait partie intégrante du processus d'apprentissage et de développement. Les enfants ont besoin de l'opportunité de faire face à des défis et d'apprendre de leurs erreurs pour grandir et se renforcer.

Une autre motivation peut être la recherche de perfection. Certains parents peuvent avoir des attentes irréalistes pour leurs enfants, visant l'excellence dans tous les domaines de la vie. Cela peut créer une pression excessive sur les enfants, les amenant à craindre les erreurs et à éprouver un stress constant pour répondre aux attentes élevées de leurs parents. Une approche plus équilibrée qui reconnaît les réussites tout en acceptant les imperfections peut favoriser un environnement plus sain.

Les normes culturelles et sociales jouent également un rôle important dans la manière dont les parents exercent le contrôle sur leurs enfants. Certains contextes culturels valorisent l'obéissance stricte et la conformité aux normes établies, ce qui peut influencer le comportement des parents. Il est crucial de comprendre que les approches éducatives varient d'une culture à l'autre, mais il est également essentiel de trouver un équilibre qui respecte à la fois les valeurs culturelles et les besoins individuels de l'enfant.

Pour éviter les effets négatifs du contrôle excessif, les parents peuvent adopter des approches éducatives plus équilibrées. Tout d'abord, il est important de reconnaître et de gérer ses propres peurs et préoccupations. La prise de conscience de ces émotions peut aider les parents à établir des limites appropriées sans étouffer l'indépendance de l'enfant.

Encourager l'autonomie est une composante essentielle d'une approche parentale équilibrée. Cela peut être fait en offrant des choix appropriés en fonction de l'âge de l'enfant, en encourageant la prise de décision et en favorisant la résolution autonome des problèmes. Les parents peuvent également enseigner des compétences d'auto-régulation, telles que la gestion du temps, la prise de responsabilité et la résolution de conflits, pour renforcer la confiance en soi et l'autonomie.

La communication joue un rôle clé dans la création d'un équilibre entre le contrôle nécessaire et la promotion de l'autonomie. Les parents peuvent expliquer les raisons derrière les règles et les limites, écouter activement les préoccupations de leurs enfants et encourager le dialogue ouvert. La négociation peut également être un moyen efficace d'établir des règles mutuellement acceptables, permettant aux enfants de se sentir entendus et respectés.

Il est également important de reconnaître et de célébrer les réalisations et les efforts des enfants, indépendamment de la perfection. En créant un environnement où l'erreur est considérée comme une occasion d'apprentissage plutôt que comme un échec, les enfants sont plus susceptibles d'explorer, d'apprendre et de développer une attitude positive envers le progrès plutôt que la perfection.

**5 outils pour équilibrer le contrôle sur son enfant :**

- Favoriser l'autonomie progressive

Encouragez l'autonomie de votre enfant en lui donnant des responsabilités appropriées à son âge. Cela peut inclure des tâches ménagères, la gestion de son emploi du temps, ou la prise de décisions concernant certaines activités. L'autonomie progressive renforce la confiance en soi et enseigne la responsabilité.

- Établir des attentes claires et réalistes :

Communiquez clairement vos attentes tout en tenant compte du niveau de développement de votre enfant. Des attentes irréalistes peuvent engendrer du stress et de la frustration. Laissez de la place pour des discussions sur les attentes familiales, en les ajustant si nécessaire.

- Favoriser la communication ouverte :

Créez un environnement où votre enfant se sent à l'aise de partager ses pensées et ses sentiments. La communication ouverte permet de comprendre les besoins de votre enfant et peut aider à résoudre les conflits de manière constructive. Écoutez activement et soyez ouvert aux différentes perspectives.

- Encourager l'expression des opinions :

Favorisez l'expression d'opinions et d'idées différentes au sein de la famille. Cela renforce le sentiment d'appartenance et donne à votre enfant le message que ses pensées sont valides. Encouragez-le à exprimer ses opinions de manière respectueuse et à participer aux discussions familiales.

- Permettre l'apprentissage par l'expérience :

Laissez votre enfant faire l'expérience des conséquences naturelles de ses choix, dans la mesure du raisonnable.

Permettez-lui de prendre des décisions et d'apprendre des erreurs qui peuvent survenir. Cela favorise la responsabilité personnelle et l'apprentissage des conséquences de ses actions.

# 3. Manque de cohérence

Le manque de cohérence dans l'éducation des enfants peut avoir de grandes répercussions sur leur développement émotionnel, social et comportemental. La cohérence est cruciale pour établir des attentes claires, des limites compréhensibles et un environnement stable. Dans cet article, nous explorerons les impacts du manque de cohérence parentale, les raisons qui peuvent contribuer à ce phénomène, et comment les parents peuvent instaurer davantage de cohérence pour favoriser le bien-être et le développement sain de leurs enfants.

La cohérence parentale englobe la constance dans les règles, les attentes et les conséquences au sein du foyer. Lorsque les parents ne sont pas cohérents dans leur approche éducative, cela peut créer de la confusion chez les enfants, les laissant perplexes quant à ce qui est attendu d'eux et aux conséquences de leurs actions. Les impacts de ce manque de cohérence peuvent se manifester dans divers aspects du développement des enfants.

Tout d'abord, le manque de cohérence peut entraîner des difficultés au niveau du comportement. Les enfants ont besoin de repères stables pour comprendre ce qui est acceptable et ce qui ne l'est pas. Lorsque les règles changent fréquemment ou sont appliquées de manière incohérente, les enfants peuvent avoir du mal à internaliser les attentes et à ajuster leur comportement en conséquence. Cela peut conduire à des comportements impulsifs, à des défis de discipline et à des frustrations pour les parents et les enfants.

Sur le plan émotionnel, le manque de cohérence peut contribuer à l'anxiété et à l'insécurité chez les enfants. Lorsqu'ils ne peuvent pas prédire les réactions de leurs parents ou les conséquences de leurs actions, ils peuvent se sentir vulnérables et anxieux. La stabilité émotionnelle est essentielle pour le développement émotionnel sain des enfants, et le manque de cohérence peut compromettre cette stabilité.

Un autre impact potentiel se manifeste dans la dynamique des relations interpersonnelles. Les enfants apprennent par l'observation et l'expérience, et s'ils sont exposés à des règles incohérentes, ils peuvent avoir du mal à développer des compétences sociales appropriées. Par exemple, si les parents ne sont pas cohérents dans l'application des règles concernant le respect des autres, les enfants peuvent avoir du mal à comprendre les limites appropriées dans leurs interactions avec leurs pairs.

Le manque de cohérence peut également influencer la perception de soi des enfants. Les règles et les attentes parentales aident à construire le cadre dans lequel les enfants développent leur identité et leur estime de soi. Lorsque ce cadre est instable en raison du manque de cohérence, les enfants peuvent avoir du mal à développer une image positive d'eux-mêmes et à comprendre leur place dans le monde.

Plusieurs facteurs peuvent contribuer au manque de cohérence parentale. Tout d'abord, le stress et la pression extérieure peuvent jouer un rôle majeur. Les parents peuvent être confrontés à des défis tels que des horaires de travail exigeants, des préoccupations financières ou d'autres sources de stress qui rendent difficile la mise en place de règles cohérentes. La fatigue et le surmenage peuvent également conduire à des réponses incohérentes face au comportement des enfants.

Les différences d'approche entre les parents peuvent également contribuer au manque de cohérence. Il peut y avoir des divergences dans les valeurs éducatives, les méthodes disciplinaires ou les attentes envers les enfants. Ces différences peuvent créer de la confusion pour les enfants, qui ne comprennent pas toujours pourquoi les règles semblent varier en fonction du parent présent.

Parfois, le manque de cohérence découle d'une absence de communication entre les parents. Si les parents ne discutent pas régulièrement des règles et des attentes, il peut en résulter une mise en œuvre incohérente. La communication ouverte entre les parents est cruciale pour s'assurer qu'ils sont sur la même longueur d'onde en ce qui concerne l'éducation des enfants.

La compréhension des raisons qui sous-tendent le manque de cohérence est un premier pas important pour les parents. Une fois que les facteurs spécifiques ont été identifiés, il devient plus facile de mettre en place des stratégies visant à accroître la cohérence dans l'éducation des enfants.

Pour instaurer davantage de cohérence, il est crucial d'établir des règles claires et des attentes explicites. Les enfants ont besoin de savoir ce qui est attendu d'eux et quelles seront les conséquences de leurs actions. Les règles doivent être adaptées à l'âge de l'enfant et formulées de manière compréhensible. En outre, il est essentiel que les parents collaborent pour définir ces règles et s'assurent qu'ils sont d'accord sur leur application.

La communication entre les parents est une pierre angulaire de la cohérence parentale. Les parents devraient régulièrement discuter des approches éducatives, des règles de la maison et des défis éventuels. Cela permet d'aligner les perspectives et d'éviter les contradictions qui peuvent découler d'une mauvaise communication. Les réunions familiales régulières peuvent également être un moyen constructif d'impliquer les enfants dans le processus et de favoriser une compréhension commune.

Il est important d'être réaliste quant aux attentes envers les enfants. Les règles et les attentes doivent être adaptées à l'âge et au stade de développement de l'enfant. Ce qui est approprié pour un enfant d'âge préscolaire peut ne pas l'être pour un adolescent. En ajustant les attentes en fonction du développement de l'enfant, les parents peuvent favoriser une mise en œuvre plus cohérente.

La récompense et la reconnaissance des comportements positifs sont également des outils puissants pour renforcer la cohérence. Plutôt que de se concentrer uniquement sur les conséquences négatives, les parents peuvent mettre en avant et récompenser les comportements souhaités. Cela renforce les attentes positives et crée un environnement où les enfants sont encouragés à adopter des comportements conformes aux règles familiales.

Enfin, il peut être utile d'impliquer les enfants dans l'établissement de règles. Les enfants sont plus susceptibles de respecter les règles lorsqu'ils comprennent le raisonnement derrière.

**5 outils pour optimiser sa cohérence :**

- Établir des règles claires et cohérentes :

Définissez des règles et des attentes claires au sein de la famille. Assurez-vous que ces règles sont cohérentes et compréhensibles pour tous les membres de la famille. Cela offre un cadre stable qui permet aux enfants de comprendre ce qui est attendu d'eux.

- Collaborer avec le co-parenting :

Si vous êtes parent avec quelqu'un d'autre, assurez-vous de collaborer sur les règles et les conséquences. Il est essentiel d'avoir une approche cohérente dans les deux foyers. Partagez vos perspectives et travaillez ensemble pour créer une cohérence entre les deux environnements.

- Appliquer des conséquences proportionnées :

Soyez cohérent dans l'application des conséquences en fonction du comportement de l'enfant. Les conséquences doivent être proportionnées à l'infraction et appliquées de manière constante. Cela aide l'enfant à comprendre les implications de ses actions et renforce la cohérence parentale.

- Prioriser la communication :

Maintenez une communication ouverte avec votre enfant. Expliquez les règles et les attentes de manière claire et répondez à toutes les questions qu'il pourrait avoir. La communication constante renforce la cohérence en fournissant des directives claires et en évitant les malentendus.

- Adopter une approche positive du renforcement :

Encouragez et renforcez positivement les comportements souhaités. Plutôt que de se concentrer uniquement sur les sanctions, mettez l'accent sur les récompenses pour les comportements positifs. Cela crée un environnement positif et cohérent qui motive l'enfant à adopter des comportements appropriés.

# 4. Critiques constantes

Les critiques constantes dans l'éducation des enfants peuvent avoir des implications profondes sur leur développement émotionnel, social et psychologique. Lorsque les parents adoptent une approche critique persistante, cela peut influencer la perception de soi des enfants, leur estime de soi, leurs relations interpersonnelles et leur capacité à faire face aux défis de la vie. Dans cet article, nous explorerons les impacts des critiques constantes, les raisons sous-jacentes à ce comportement, et comment les parents peuvent adopter une approche plus constructive pour favoriser un environnement éducatif sain.

Les critiques constantes se manifestent par des commentaires négatifs, des jugements répétés et des évaluations négatives à l'égard des actions ou des caractéristiques de l'enfant. Cette approche peut être dévastatrice pour le bien-être de l'enfant, entraînant des conséquences qui vont au-delà du simple fait de corriger un comportement.

L'impact le plus évident des critiques constantes est sur la confiance en soi des enfants. Lorsqu'ils sont constamment critiqués, les enfants peuvent développer une image négative d'eux-mêmes, doutant de leurs compétences et de leur valeur personnelle. Cette baisse de confiance peut affecter tous les aspects de leur vie, de leurs performances académiques à leurs relations sociales.

Le développement émotionnel des enfants est également fortement influencé par les critiques constantes. Les commentaires négatifs répétés peuvent engendrer des émotions telles que la tristesse, la frustration, voire la colère chez l'enfant. Lorsqu'ils sont confrontés à une critique constante, les enfants peuvent avoir du mal à exprimer leurs émotions de manière saine, ce qui peut entraîner des problèmes de régulation émotionnelle.

Sur le plan social, les critiques constantes peuvent également influencer les relations interpersonnelles des enfants. Un enfant constamment critiqué peut développer des difficultés à établir des liens positifs avec ses pairs, craignant le rejet ou la désapprobation. Les enfants peuvent également reproduire ces schémas de critique dans leurs propres relations, perpétuant ainsi le cycle des critiques constantes.

Il est important de comprendre les raisons qui sous-tendent les critiques constantes, car cela peut aider à élaborer des stratégies pour promouvoir un environnement éducatif plus positif. Certains parents adoptent une approche critique en raison de leurs propres expériences passées, ayant peut-être été éduqués dans un environnement où la critique était la norme. D'autres peuvent être motivés par un désir de voir leurs enfants réussir et pensent que les critiques constantes sont nécessaires pour les motiver.

La pression sociale et les normes culturelles peuvent également jouer un rôle dans le comportement critique des parents. Dans certaines cultures, la réussite académique ou professionnelle est fortement valorisée, et les parents peuvent utiliser la critique comme un moyen de pousser leurs enfants à exceller. Cependant, il est important de reconnaître que la critique constante n'est pas toujours le moyen le plus efficace d'encourager la réussite.

Un autre facteur peut être le stress parental. Les parents sont souvent confrontés à des défis tels que le travail, les responsabilités familiales et les pressions sociales. Dans ces situations stressantes, certains parents peuvent adopter la critique constante comme une réaction automatique, sans se rendre compte des conséquences négatives que cela peut avoir sur leurs enfants.

Pour promouvoir un environnement éducatif plus sain, les parents peuvent adopter des stratégies pour remplacer les critiques constantes par des approches plus positives et constructives. L'une des premières étapes consiste à développer une prise de conscience de ses propres comportements. Les parents peuvent réfléchir sur leurs réactions, identifier les moments où ils sont susceptibles d'émettre des critiques constantes et comprendre les déclencheurs émotionnels qui les poussent à adopter ce comportement.

L'empathie joue un rôle crucial dans la transformation des critiques constantes en interactions plus positives. Les parents peuvent essayer de se mettre à la place de leur enfant, de comprendre ses perspectives et ses émotions. Cela peut aider les parents à adopter une approche plus compréhensive et empathique, plutôt que de simplement critiquer le comportement de l'enfant.

La communication ouverte est une autre clé pour changer les schémas de critiques constantes. Plutôt que de simplement critiquer, les parents peuvent engager des dialogues constructifs avec leurs enfants. Cela peut inclure des discussions sur les attentes, les conséquences des actions et la manière dont les enfants peuvent apprendre de leurs erreurs. Encourager les enfants à exprimer leurs pensées et leurs sentiments favorise une communication saine.

La reconnaissance des comportements positifs est un moyen puissant de changer la dynamique des critiques constantes. Les parents peuvent mettre en avant les réussites et les efforts de leurs enfants, renforçant ainsi la confiance en soi et créant un environnement où le positif est mis en avant plutôt que le négatif.

Les parents peuvent également adopter une approche axée sur la solution plutôt que sur le blâme. Plutôt que de critiquer ce qui a mal tourné, les parents peuvent travailler avec leurs enfants pour identifier des solutions et des alternatives positives. Cela encourage la réflexion critique chez les enfants tout en renforçant la collaboration parent-enfant.

La mise en place de routines prévisibles et de règles claires peut contribuer à réduire le besoin de critiques constantes. Lorsque les attentes sont bien établies, les enfants ont une compréhension plus claire de ce qui est attendu d'eux, ce qui peut réduire les situations propices à la critique constante.

Il est également essentiel pour les parents de prendre soin de leur propre bien-être émotionnel. La gestion du stress, la recherche de soutien lorsque cela est nécessaire et la pratique de l'autocompassion peuvent aider les parents à réduire la tendance à adopter une approche critique envers leurs enfants.

## 5 outils efficaces pour limiter naturellement les critiques

- Favoriser le renforcement positif :

Mettez l'accent sur le renforcement positif en soulignant et en récompensant les comportements souhaités. Lorsque vous remarquez quelque chose de bien, exprimez votre reconnaissance. Cela renforce la confiance en soi de l'enfant et crée un climat positif.

- Utiliser la communication constructive :

Lorsque vous avez des préoccupations ou des critiques à exprimer, choisissez vos mots avec soin. Utilisez une communication constructive en décrivant spécifiquement le comportement qui pose problème et en suggérant des alternatives positives. Évitez les critiques générales qui pourraient miner la confiance de l'enfant.

- Fournir des critiques équilibrées :

Assurez-vous que vos critiques sont équilibrées en incluant des commentaires positifs. Plutôt que de concentrer vos remarques sur les erreurs, soulignez également les réussites et les efforts de l'enfant. Cela montre que vous reconnaissez et appréciez ses qualités positives.

- Encourager l'auto-réflexion :

Aidez l'enfant à développer des compétences d'auto-réflexion en l'invitant à évaluer ses propres actions. Posez des questions ouvertes qui le guident vers la compréhension de ses choix. Cela favorise la responsabilité personnelle et l'apprentissage à partir de ses expériences.

- Établir des attentes réalistes :

Évitez des attentes irréalistes qui peuvent conduire à des critiques constantes. Chaque enfant a ses forces et ses faiblesses, et il est important de reconnaître et de valoriser ses capacités uniques. Fixez des attentes réalistes en tenant compte du niveau de développement de l'enfant.

# 5. Comparaisons avec d'autres enfants

Les comparaisons constantes avec d'autres enfants peuvent avoir des impacts significatifs sur le développement émotionnel, social et psychologique des enfants. Lorsque les parents comparent fréquemment leurs enfants à d'autres, cela peut entraîner des conséquences négatives telles que la diminution de la confiance en soi, le développement de l'anxiété, des problèmes relationnels et une perception altérée de la valeur personnelle. Dans cet article, nous explorerons les impacts des comparaisons constantes, les raisons derrière ce comportement, et comment les parents peuvent adopter une approche plus constructive pour favoriser un environnement éducatif sain.

Les comparaisons constantes avec d'autres enfants peuvent émerger de diverses situations. Les parents peuvent comparer les performances académiques, les compétences sociales, les talents artistiques ou sportifs de leur enfant avec ceux d'autres enfants, que ce soit dans la sphère familiale, scolaire ou sociale. Ces comparaisons peuvent être explicites, comme des commentaires directs, ou implicites, se manifestant par des attentes non formulées basées sur les réalisations des pairs.

L'un des impacts les plus évidents des comparaisons constantes est sur la confiance en soi des enfants. Lorsqu'ils se sentent constamment mesurés par rapport à d'autres, cela peut créer un sentiment de compétition et d'insuffisance. Les enfants peuvent commencer à douter de leurs propres capacités et à se percevoir comme moins compétents ou moins dignes que leurs pairs.

Le développement émotionnel des enfants est également influencé par les comparaisons constantes. Les enfants peuvent ressentir de la pression pour répondre aux attentes des parents, ce qui peut entraîner de l'anxiété, de la peur de l'échec et une quête incessante de validation extérieure. Ces émotions peuvent persister à l'âge adulte, influençant la manière dont les individus perçoivent leurs propres réussites et échecs.

Sur le plan social, les comparaisons constantes peuvent avoir des implications sur les relations interpersonnelles des enfants. La compétition perçue avec d'autres enfants peut créer des tensions, des rivalités et des difficultés à établir des liens positifs. Les enfants peuvent également internaliser ces schémas de comparaison, les reproduisant dans leurs propres relations avec leurs pairs.

Les raisons qui sous-tendent les comparaisons constantes peuvent être complexes. Certains parents peuvent être motivés par un désir de voir leurs enfants exceller et réussir dans la vie. Cependant, d'autres peuvent être influencés par des pressions sociales, des attentes culturelles ou même des expériences personnelles non résolues de compétition dans leur propre enfance.

Les médias sociaux peuvent également jouer un rôle dans l'amplification des comparaisons constantes. Les parents peuvent être exposés à des images idéalisées de la vie des autres enfants, ce qui peut renforcer le sentiment de ne pas être à la hauteur. De plus, les enfants eux-mêmes peuvent être exposés à des comparaisons constantes via les médias sociaux, ce qui peut affecter leur perception de soi et leur estime de soi.

Pour favoriser un environnement éducatif plus sain, les parents peuvent adopter des stratégies pour éviter les comparaisons constantes et promouvoir le bien-être émotionnel de leurs enfants. Tout d'abord, il est essentiel de reconnaître l'unicité de chaque enfant. Chaque enfant a ses propres talents, compétences et rythmes de développement. Les parents peuvent encourager et célébrer les forces individuelles de leur enfant plutôt que de se concentrer sur les comparaisons avec les autres.

La communication ouverte est une clé pour contrer les comparaisons constantes. Les parents peuvent créer un environnement où les enfants se sentent à l'aise d'exprimer leurs sentiments et leurs préoccupations. Les discussions ouvertes sur les attentes, les pressions perçues et les expériences personnelles peuvent aider à démystifier les comparaisons constantes et à encourager un dialogue sain.

La reconnaissance des réussites individuelles est un moyen puissant de contrer les effets des comparaisons constantes. Les parents peuvent mettre en avant les réalisations spécifiques de leur enfant, qu'elles soient grandes ou petites. Cela renforce la confiance en soi de l'enfant et lui donne une vision plus positive de sa propre valeur et de ses capacités.

Les parents peuvent également aider les enfants à développer des compétences en résilience face à la pression extérieure. En les encourageant à fixer des objectifs réalistes, à accepter les échecs comme des opportunités d'apprentissage et à développer des mécanismes de coping, les parents peuvent renforcer la capacité de leurs enfants à faire face aux défis de manière positive.

L'éducation des parents sur le développement de l'enfant peut également jouer un rôle important. Comprendre les étapes normales du développement et les variations individuelles peut aider les parents à avoir des attentes réalistes pour leurs enfants. Cela peut réduire la tentation de comparer et permettre aux parents d'apprécier les progrès de leur enfant à son propre rythme.

La promotion d'une attitude de gratitude peut également contrer les effets des comparaisons constantes. Les parents peuvent enseigner à leurs enfants à reconnaître et à apprécier ce qu'ils ont plutôt que de se concentrer sur ce qu'ils n'ont pas. Cela encourage un état d'esprit positif et une perspective plus équilibrée.

Finalement, les parents peuvent jouer un rôle important en modelant un comportement positif. En évitant de faire des comparaisons constantes avec d'autres parents ou en critiquant les performances d'autres enfants, les parents envoient un message fort à leurs propres enfants sur l'importance de l'acceptation, de la célébration des différences et du respect des individus.

**5 outils pour minimiser naturellement les comparaisons**

- Célébrer les réussites individuelles :

Mettez l'accent sur les réalisations individuelles de votre enfant, peu importe leur ampleur. Encouragez-le à poursuivre ses propres objectifs et à apprécier ses réussites uniques. Cela renforce la confiance en soi et réduit le besoin de se comparer aux autres.

- Favoriser l'estime de soi :

Encouragez le développement de l'estime de soi en mettant en avant les qualités et les compétences spécifiques de votre enfant. Mettez en valeur ses points forts et encouragez-le à développer des compétences qui le passionnent. Une estime de soi positive offre une protection naturelle contre les comparaisons négatives.

- Éviter les comparaisons directes :

Évitez de faire des comparaisons directes entre votre enfant et d'autres enfants, que ce soit des membres de la famille, des amis ou des camarades de classe. Chaque enfant est unique, avec ses propres talents et défis. Faire des comparaisons peut créer des attentes irréalistes et générer un sentiment d'insuffisance.

- Favoriser une communication ouverte :

Encouragez votre enfant à partager ses sentiments concernant les comparaisons qu'il pourrait ressentir.

Écoutez ses préoccupations et validez ses émotions. Une communication ouverte renforce le lien parent-enfant et permet de traiter les problèmes avant qu'ils ne prennent de l'ampleur.

- Enseigner la gratitude :

Cultivez un sentiment de gratitude en encourageant votre enfant à apprécier ce qu'il a plutôt que de se concentrer sur ce qu'il n'a pas. Cela peut aider à développer une perspective positive et à réduire le besoin de se comparer aux autres. Créez des rituels familiaux qui soulignent l'importance de la reconnaissance.

# 6.  Surprotection

La surprotection parentale, parfois appelée "parent hélicoptère", est une approche éducative caractérisée par une implication excessive et une surveillance constante de la vie de l'enfant. Bien que les parents cherchent souvent à protéger leurs enfants, une surprotection excessive peut avoir des conséquences négatives sur le développement émotionnel, social et même physique de l'enfant. Dans cet article, nous explorerons les impacts de la surprotection parentale, les raisons qui peuvent motiver ce comportement, et comment les parents peuvent adopter une approche plus équilibrée pour favoriser l'autonomie et le bien-être de leurs enfants.

La surprotection parentale peut affecter divers aspects du développement de l'enfant. L'un des impacts les plus notables est sur le développement de l'autonomie. Lorsque les parents contrôlent de manière excessive les choix et les activités de l'enfant, cela peut entraver sa capacité à prendre des décisions indépendantes et à développer des compétences de vie cruciales.

Un autre impact de la surprotection est le risque de réduire la résilience de l'enfant. La résilience est la capacité à faire face aux défis, à surmonter les échecs et à s'adapter aux changements. Les enfants surprotégés peuvent avoir du mal à développer cette résilience, car ils n'ont pas l'occasion de faire face aux difficultés de manière autonome.

Le développement social peut également être affecté. Les enfants surprotégés peuvent avoir des difficultés à établir des relations positives avec leurs pairs, car ils n'ont peut-être pas eu l'occasion de développer les compétences sociales nécessaires pour interagir de manière indépendante. Ils peuvent également éprouver des difficultés à gérer les conflits et à négocier avec d'autres enfants.

Sur le plan émotionnel, la surprotection peut entraîner des problèmes tels que l'anxiété et la dépendance émotionnelle. Les enfants qui sont constamment surveillés peuvent développer une peur excessive des erreurs et une anxiété liée à la prise de décision. De plus, la dépendance émotionnelle peut se manifester car l'enfant recherche constamment la validation et l'approbation des parents pour chaque petite décision ou action.

Les raisons qui sous-tendent la surprotection parentale peuvent être diverses. Certains parents peuvent être motivés par un désir sincère de protéger leurs enfants des dangers du monde. Les inquiétudes concernant la sécurité, les influences négatives, ou les pressions sociales peuvent inciter les parents à adopter une approche plus protectrice.

La peur de l'échec peut également être une motivation majeure. Les parents peuvent craindre que leurs enfants ne réussissent pas dans un monde de plus en plus compétitif et cherchent à éliminer tout obstacle ou tout risque qui pourrait entraver leur réussite future.

Les expériences personnelles des parents peuvent également influencer leur propension à la surprotection. Certains parents peuvent avoir vécu des expériences traumatiques ou des échecs dans leur propre enfance, les incitant à protéger excessivement leurs propres enfants afin d'éviter qu'ils ne subissent les mêmes difficultés.

La surprotection peut également être alimentée par des normes culturelles ou sociales qui valorisent la réussite académique et professionnelle à tout prix. Les parents peuvent ressentir une pression pour élever des enfants performants et accomplis, ce qui peut les conduire à adopter une approche plus interventionniste.

Pour favoriser le développement sain de l'enfant, les parents peuvent adopter des stratégies pour éviter la surprotection et encourager l'autonomie. Tout d'abord, il est important de reconnaître et de gérer ses propres peurs et préoccupations. La prise de conscience de ces émotions peut aider les parents à trouver un équilibre entre la protection nécessaire et la promotion de l'autonomie.

Encourager l'autonomie est une composante clé d'une approche parentale équilibrée. Cela peut commencer par permettre à l'enfant de faire des choix adaptés à son âge, que ce soit dans le choix de vêtements, d'activités ou de décisions quotidiennes. Les parents peuvent également encourager la résolution autonome des problèmes en guidant l'enfant plutôt qu'en fournissant des solutions toutes faites.

La communication ouverte est essentielle pour établir un équilibre entre la protection et l'autonomie. Les parents peuvent expliquer les raisons derrière les règles et les limites, écouter activement les préoccupations de leurs enfants et encourager le dialogue ouvert. La communication permet également aux enfants de comprendre les conséquences de leurs actions, favorisant ainsi un sens de responsabilité.

La prise de risques contrôlés est un aspect important du développement de l'autonomie. Les parents peuvent permettre à leurs enfants de prendre des risques adaptés à leur niveau de développement, que ce soit dans le jeu, les activités physiques ou les nouvelles expériences. Cela aide les enfants à développer la confiance en leurs capacités et à apprendre à évaluer les risques de manière responsable.

L'enseignement des compétences de vie est un moyen de préparer les enfants à l'indépendance. Cela peut inclure des compétences telles que la gestion du temps, la résolution de problèmes, la prise de décision et la gestion de l'argent. Les parents peuvent intégrer ces enseignements dans la vie quotidienne de l'enfant, renforçant ainsi sa capacité à fonctionner de manière autonome.

La reconnaissance des succès individuels est cruciale pour renforcer la confiance en soi et promouvoir un sentiment d'accomplissement. Les parents peuvent célébrer les réussites, grandes et petites, de leurs enfants, en mettant l'accent sur l'effort et l'amélioration plutôt que sur la perfection. Cela encourage un état d'esprit axé sur le progrès plutôt que sur la peur de l'échec.

Les parents peuvent également encourager les enfants à prendre des responsabilités progressivement. Cela peut inclure des tâches ménagères, la gestion de leurs propres affaires et la participation à des décisions familiales. En permettant aux enfants de contribuer activement à la vie familiale, les parents favorisent un sens de responsabilité et de participation.

Il est également crucial de laisser de la place à l'erreur et d'apprendre des expériences. Les parents peuvent aider les enfants à comprendre que l'échec fait partie intégrante du processus d'apprentissage.

## 5 outils pour calibrer la surprotection

- Encourager l'indépendance progressive:

Donnez à votre enfant des responsabilités adaptées à son âge pour encourager le développement de l'indépendance. Cela peut inclure des tâches ménagères, la gestion de son emploi du temps ou la prise de décisions sur des aspects de sa vie quotidienne. Favoriser l'indépendance renforce la confiance en soi.

- Établir des limites claires :

Définissez des limites claires tout en permettant à votre enfant de prendre des initiatives. La fixation de limites aide à créer un environnement sécurisé, tandis que l'autonomie permet à l'enfant d'apprendre à prendre des décisions et à gérer les conséquences.

- Promouvoir la gestion des risques

Encouragez votre enfant à prendre des risques calculés et à apprendre de l'expérience. La gestion des risques est essentielle pour développer la résilience. Permettez-lui de faire face à des défis et de surmonter des obstacles, tout en offrant un soutien et des conseils lorsque nécessaire.

- Éviter le sur-contrôle :

Évitez le sur-contrôle excessif dans la vie quotidienne de votre enfant. Permettez-lui de faire des erreurs et d'apprendre de ses propres expériences. Le sur-contrôle peut limiter les opportunités d'apprentissage et entraver le développement de compétences cruciales.

- Favoriser la communication ouverte :

Créez un environnement où votre enfant se sent à l'aise de partager ses préoccupations et ses expériences. La communication ouverte permet à l'enfant de discuter de ses sentiments et de recevoir le soutien nécessaire. Assurez-vous de comprendre ses perspectives avant de fournir des conseils.

# 7. Manque d'écoute

Le manque d'écoute dans l'éducation des enfants peut avoir des répercussions significatives sur leur développement émotionnel, social et cognitif. L'écoute active et empathique est une composante essentielle de la communication parent-enfant, favorisant une compréhension mutuelle, renforçant la confiance et promouvant un environnement familial sain. Dans cet article, nous explorerons les impacts du manque d'écoute, les raisons qui peuvent contribuer à ce comportement, et comment les parents peuvent améliorer leurs compétences en écoute pour favoriser le bien-être de leurs enfants.

L'écoute est bien plus qu'une simple perception auditive des mots prononcés. C'est une compétence complexe qui englobe la compréhension des émotions, des besoins et des perspectives de l'enfant. Le manque d'écoute peut se manifester de différentes manières, allant de l'indifférence apparente aux sentiments et expériences de l'enfant à une préoccupation excessive pour la réponse ou la correction, négligeant ainsi la compréhension profonde.

L'impact le plus évident du manque d'écoute est sur la communication parent-enfant. Lorsque les enfants ne se sentent pas écoutés, ils peuvent avoir du mal à exprimer leurs pensées, leurs émotions et leurs préoccupations.

Cela peut créer un fossé dans la communication, entravant la compréhension mutuelle et la création d'un lien émotionnel fort entre les parents et les enfants.

Le développement émotionnel des enfants est étroitement lié à la qualité de l'écoute parentale. Lorsque les parents ne reconnaissent pas ou minimisent les émotions de l'enfant, cela peut conduire à une suppression émotionnelle, où l'enfant peut apprendre à cacher ou à minimiser ses sentiments. Cela peut entraîner des difficultés émotionnelles telles que l'anxiété, la dépression et des problèmes de régulation émotionnelle.

Sur le plan social, le manque d'écoute peut influencer les compétences relationnelles des enfants. L'écoute active est cruciale pour développer la capacité d'empathie, la compréhension des autres et la capacité à établir des relations positives. Les enfants qui ne sont pas écoutés peuvent avoir du mal à développer ces compétences sociales, ce qui peut affecter leurs interactions avec leurs pairs.

L'impact cognitif du manque d'écoute se manifeste dans le développement des compétences linguistiques et de la pensée critique. Lorsque les enfants sont exposés à un manque d'écoute, cela peut entraver leur capacité à exprimer clairement leurs pensées, à développer un vocabulaire riche et à comprendre les nuances de la communication. L'écoute active favorise également la pensée critique en encourageant les enfants à réfléchir aux idées, à poser des questions et à développer leur compréhension du monde qui les entoure.

Les raisons qui sous-tendent le manque d'écoute peuvent être multiples. Certains parents peuvent être confrontés à des défis tels que le stress, les responsabilités professionnelles, ou d'autres pressions qui peuvent les rendre moins disponibles pour écouter. La fatigue et le surmenage peuvent également contribuer au manque d'attention aux besoins émotionnels et communicatifs de l'enfant.

Des modèles parentaux antérieurs peuvent également influencer le comportement d'écoute des parents. Ceux qui n'ont pas été écoutés ou qui ont été confrontés à un manque d'attention de la part de leurs propres parents peuvent reproduire ces schémas dans leur propre parentalité. D'autre part, les parents qui ont eu des modèles d'écoute positive peuvent être plus enclins à adopter une approche similaire avec leurs enfants.

La surcharge d'informations et de distractions peut être une autre raison du manque d'écoute. Les parents peuvent être constamment sollicités par les médias sociaux, les messages électroniques et d'autres distractions, ce qui peut les éloigner de la présence mentale nécessaire pour une écoute active. Les dispositifs électroniques, tels que les smartphones, peuvent également créer des barrières physiques qui entravent la qualité de l'interaction parent-enfant.

Pour améliorer la qualité de l'écoute parentale, les parents peuvent adopter des stratégies visant à renforcer cette compétence cruciale. Tout d'abord, la conscience de soi est essentielle. Les parents peuvent réfléchir à leurs propres habitudes d'écoute, identifier les moments où ils peuvent être moins attentifs et comprendre les facteurs qui contribuent à cette inattention.

Pratiquer l'écoute active est une étape fondamentale. Cela implique de donner une attention totale à l'enfant lorsqu'il parle, de maintenir le contact visuel, de montrer des signes de compréhension tels que hocher la tête, et de poser des questions pour approfondir la compréhension. L'écoute active implique également de refléter les émotions de l'enfant, montrant ainsi que ses sentiments sont compris et validés.

Les parents peuvent également améliorer leur écoute en limitant les distractions. Cela peut inclure la réduction du temps passé sur les médias sociaux ou l'établissement de règles sur l'utilisation des dispositifs électroniques pendant les moments d'interaction avec les enfants. Créer des espaces physiques et temporels dédiés à la communication parent-enfant peut également favoriser une écoute plus attentive.

La patience est une vertu importante dans l'écoute parentale. Les parents peuvent prendre le temps de laisser leurs enfants exprimer leurs pensées sans précipitation ni interruption. Cela favorise un sentiment de respect et d'importance pour les paroles de l'enfant, renforçant ainsi la confiance et la connexion émotionnelle.

Les parents peuvent également favoriser une culture d'ouverture et d'acceptation des émotions. Encourager l'enfant à exprimer librement ses sentiments sans craindre le jugement crée un environnement où l'écoute peut se déployer de manière naturelle. Les parents peuvent montrer leur propre vulnérabilité en partageant leurs émotions, créant ainsi un espace où l'enfant se sent en sécurité pour partager les siennes.

La communication positive est un aspect essentiel de l'écoute parentale. Les parents peuvent choisir des mots encourageants, éviter la critique constante et favoriser un langage qui renforce la confiance de l'enfant. Cela contribue à créer un environnement où l'enfant se sent valorisé et entendu.

Les parents peuvent également apprendre à reconnaître les signes non verbaux de l'enfant, tels que le langage corporel, les expressions faciales et les gestes. Ces signaux peuvent fournir des indices importants sur les émotions et les besoins de l'enfant, complétant ainsi l'écoute verbale.

## 5 outils pour pallier au manque d'écoute

- Pratiquer l'écoute active :

Engagez-vous pleinement dans la conversation en éliminant les distractions et en accordant toute votre attention à votre enfant. Montrez que vous écoutez en faisant des gestes d'approbation, en faisant des commentaires appropriés et en posant des questions pour approfondir votre compréhension.

- Éviter les interruptions :

Lorsque votre enfant parle, évitez les interruptions. Donnez-lui le temps de s'exprimer complètement avant de répondre. Cela montre le respect de ses opinions et favorise un environnement où chacun se sent écouté et valorisé.

- Valider les émotions :

Validez les émotions de votre enfant en reconnaissant ce qu'il ressent. Par exemple, dites "Je comprends que tu te sentes triste/frustré/heureux." La validation des émotions renforce le lien émotionnel et encourage l'ouverture dans la communication.

- Poser des questions ouvertes :

Encouragez les conversations approfondies en posant des questions ouvertes qui nécessitent plus qu'une réponse simple par "oui" ou "non". Cela incite votre enfant à partager davantage ses pensées et sentiments, favorisant ainsi une communication plus riche.

- Planifier du temps dédié :

Consacrez du temps spécifique à l'écoute active, que ce soit lors de repas partagés, de promenades en famille ou de soirées consacrées à la discussion. Avoir des moments réservés à la communication renforce l'idée que l'écoute est une priorité dans la famille.

# 8. Incohérence émotionnelle

L'incohérence émotionnelle dans l'éducation des enfants peut avoir des conséquences profondes sur leur développement émotionnel, social et comportemental. Lorsque les parents présentent des réponses émotionnelles imprévisibles, contradictoires ou inappropriées, cela peut entraîner une confusion chez les enfants, affectant leur capacité à comprendre, réguler et exprimer leurs propres émotions. Dans cet article, nous explorerons les impacts de l'incohérence émotionnelle, les raisons qui peuvent contribuer à ce comportement, et comment les parents peuvent adopter une approche plus cohérente pour favoriser le bien-être émotionnel de leurs enfants.

L'incohérence émotionnelle se manifeste lorsque les parents présentent des réponses émotionnelles qui ne sont pas prévisibles ou cohérentes dans des situations similaires. Cela peut inclure des changements soudains d'humeur, des réactions disproportionnées aux comportements de l'enfant, ou des expressions émotionnelles contradictoires. Les enfants peuvent être confrontés à un défi pour comprendre et anticiper les réactions émotionnelles de leurs parents, ce qui peut affecter leur propre stabilité émotionnelle.

L'un des impacts les plus notables de l'incohérence émotionnelle est sur le développement de la régulation émotionnelle chez les enfants. La régulation émotionnelle est la capacité à reconnaître, comprendre et gérer ses propres émotions de manière adaptative. Lorsque les parents présentent des réponses émotionnelles incohérentes, les enfants peuvent avoir du mal à apprendre comment gérer leurs émotions de manière efficace, car ils ne disposent pas de modèles stables à suivre.

Le développement de l'estime de soi est également influencé par l'incohérence émotionnelle. Les enfants peuvent internaliser les réactions émotionnelles de leurs parents comme une évaluation de leur propre valeur. Des réponses émotionnelles imprévisibles peuvent conduire à une estime de soi instable, avec des moments d'auto-évaluation positive et négative en fonction des réactions parentales.

Sur le plan social, l'incohérence émotionnelle peut avoir des implications sur les relations interpersonnelles des enfants. Les enfants peuvent avoir du mal à comprendre et à anticiper les émotions de leurs pairs s'ils ont été exposés à une variabilité émotionnelle importante à la maison. Cela peut entraîner des difficultés à établir des liens positifs et à maintenir des relations saines avec les autres.

Les raisons de l'incohérence émotionnelle peuvent être diverses et liées à des facteurs personnels, familiaux et environnementaux. Certaines raisons communes comprennent les troubles émotionnels ou mentaux chez les parents, le stress parental, les expériences passées non résolues, les pressions extérieures telles que le travail ou les finances, et même des facteurs génétiques.

Les troubles émotionnels ou mentaux tels que la dépression, l'anxiété ou les troubles bipolaires peuvent contribuer à l'incohérence émotionnelle. Les parents qui luttent contre ces problèmes de santé mentale peuvent avoir des difficultés à maintenir une stabilité émotionnelle constante, ce qui se reflète dans leurs interactions avec leurs enfants.

Le stress parental est un facteur majeur d'incohérence émotionnelle. Les parents qui font face à des défis tels que des pressions financières, des conflits conjugaux, ou des responsabilités professionnelles importantes peuvent éprouver des difficultés à maintenir un équilibre émotionnel stable. Cela peut se traduire par des réponses émotionnelles variables et imprévisibles.

Les expériences passées non résolues peuvent également influencer l'incohérence émotionnelle. Les parents qui ont vécu des traumatismes, des négligences émotionnelles ou d'autres expériences difficiles dans leur enfance peuvent avoir des difficultés à réguler leurs propres émotions, ce qui peut se refléter dans leur parentalité.

Les pressions extérieures, telles que des exigences professionnelles ou financières, peuvent contribuer à l'incohérence émotionnelle en créant un niveau élevé de stress et de tension dans la vie des parents. Le manque de ressources ou de soutien peut également jouer un rôle dans la difficulté à maintenir une stabilité émotionnelle.

Des facteurs génétiques et biologiques peuvent également jouer un rôle dans la prédisposition à l'incohérence émotionnelle. Certaines personnes peuvent avoir une sensibilité émotionnelle accrue ou une prédisposition génétique à des troubles émotionnels, ce qui peut influencer leur capacité à réguler leurs émotions de manière cohérente.

Pour favoriser le bien-être émotionnel des enfants, les parents peuvent adopter des stratégies visant à réduire l'incohérence émotionnelle et à promouvoir la stabilité émotionnelle. Tout d'abord, la reconnaissance et la gestion de ses propres émotions sont cruciales. Les parents peuvent bénéficier de la recherche d'un soutien professionnel, tel qu'un psychologue ou un conseiller, pour les aider à comprendre et à réguler leurs émotions de manière plus cohérente.

La communication ouverte est un aspect essentiel de la gestion de l'incohérence émotionnelle. Les parents peuvent expliquer à leurs enfants les raisons de leurs réponses émotionnelles, partager leurs propres expériences émotionnelles de manière appropriée à l'âge de l'enfant, et encourager un dialogue ouvert sur les émotions familiales.

La création d'un environnement familial stable est un moyen de réduire l'incohérence émotionnelle. Cela peut inclure la mise en place de routines prévisibles, la création de moments de connexion émotionnelle réguliers en famille, et la fourniture d'un soutien émotionnel constant.

La prise de conscience des déclencheurs émotionnels est une étape importante pour réduire l'incohérence émotionnelle. Les parents peuvent réfléchir sur les situations ou les facteurs qui déclenchent des réponses émotionnelles variables et élaborer des stratégies pour mieux gérer ces déclencheurs.

La gestion du stress est un aspect crucial de la promotion de la stabilité émotionnelle. Les parents peuvent explorer des techniques de gestion du stress telles que la méditation, la pleine conscience, l'exercice physique et d'autres stratégies pour réduire les niveaux de stress et favoriser une réponse émotionnelle plus cohérente.

L'éducation parentale peut également jouer un rôle clé dans la réduction de l'incohérence émotionnelle. Les parents peuvent participer à des programmes d'éducation parentale pour apprendre des compétences de gestion émotionnelle, de communication et de régulation du comportement qui peuvent contribuer à une parentalité plus cohérente.

Enfin, il est important pour les parents de reconnaître l'impact potentiel de l'incohérence émotionnelle sur leurs enfants et d'exprimer leur désir de changement. La communication ouverte avec les enfants sur les efforts des parents pour améliorer leur stabilité émotionnelle peut renforcer la confiance et créer un espace où les enfants se sentent entendus et compris.

## 5 outils pour travailler sa cohérence émotionnelle

- Pratiquer l'auto-régulation émotionnelle :

Prenez conscience de vos propres émotions et travaillez sur votre capacité à les réguler. Les parents qui sont capables de gérer leurs émotions créent un exemple positif pour leurs enfants. Cela implique la reconnaissance de vos sentiments, la compréhension de leur origine, et l'adoption de stratégies saines pour les gérer.

- Maintenir une communication ouverte :

Encouragez la communication ouverte au sein de la famille en créant un espace où chacun se sent à l'aise de partager ses émotions. Exprimez vos propres sentiments de manière appropriée et encouragez vos enfants à faire de même. La communication ouverte renforce la confiance et facilite la compréhension mutuelle.

- Établir des routines prévisibles :

Les routines prévisibles fournissent un sentiment de stabilité pour les enfants. Assurez-vous d'avoir des routines quotidiennes et hebdomadaires qui offrent des points de repère réguliers. Cela peut contribuer à réduire l'incohérence émotionnelle en créant un environnement familier et sécurisant.

- Favoriser la résolution de conflits constructive :

Montrez aux enfants comment gérer les conflits de manière constructive.

Évitez les réactions impulsives et encouragez plutôt une résolution pacifique. Apprenez à exprimer vos propres frustrations de manière calme et constructive, montrant ainsi aux enfants des modèles sains de gestion émotionnelle.

- Rechercher du soutien professionnel si nécessaire :

Si l'incohérence émotionnelle devient un défi persistant, envisagez de rechercher du soutien professionnel. Un conseiller familial ou un thérapeute peut aider la famille à comprendre et à traiter les problèmes émotionnels, fournissant des outils pour améliorer la stabilité émotionnelle.

# 9. Attentes irréalistes

Les attentes irréalistes dans l'éducation des enfants peuvent avoir des conséquences significatives sur leur bien-être émotionnel, psychologique et social. Lorsque les parents fixent des attentes démesurées ou peu réalistes pour leurs enfants, cela peut créer un environnement stressant, générer des pressions inutiles et influencer négativement le développement de l'estime de soi. Dans cet article, nous explorerons les impacts des attentes irréalistes, les raisons qui peuvent contribuer à ce comportement, et comment les parents peuvent adopter des attentes plus réalistes pour favoriser le développement sain de leurs enfants.

Les attentes irréalistes peuvent se manifester de différentes manières dans l'éducation des enfants. Cela peut inclure des attentes académiques, sociales, sportives ou comportementales qui sont démesurées par rapport au niveau de développement de l'enfant. Les parents peuvent espérer que leurs enfants atteignent des normes très élevées, souvent dictées par des idéaux sociaux, culturels ou familiaux.

L'un des impacts les plus notables des attentes irréalistes est sur le bien-être émotionnel des enfants. Lorsqu'ils se sentent constamment sous pression pour répondre à des attentes inatteignables, les enfants peuvent développer de l'anxiété, du stress et une crainte de l'échec. Ces sentiments peuvent affecter leur estime de soi, leur confiance en leurs capacités et leur santé mentale globale.

Sur le plan social, les attentes irréalistes peuvent influencer les relations interpersonnelles des enfants. Les pressions constantes pour exceller peuvent entraîner des comportements compétitifs, des difficultés à établir des liens d'amitié et des problèmes relationnels avec les pairs. Les enfants peuvent également internaliser ces attentes, les reproduisant dans leurs relations sociales.

Les attentes irréalistes peuvent également affecter le développement académique des enfants. Lorsque les parents imposent des standards trop élevés en termes de réussite scolaire, les enfants peuvent ressentir un stress excessif, perdre leur motivation intrinsèque et développer des attitudes négatives envers l'éducation. Cela peut avoir des conséquences à long terme sur leur engagement académique et leur désir d'apprendre.

Les raisons qui sous-tendent les attentes irréalistes peuvent être variées. Certaines d'entre elles sont influencées par des normes culturelles ou familiales qui valorisent la performance et la réussite à tout prix. Les parents peuvent se sentir obligés de conformer leurs enfants à ces normes pour répondre aux attentes de la société ou de la famille.

Des expériences personnelles des parents peuvent également contribuer aux attentes irréalistes. Certains parents peuvent projeter leurs propres désirs non réalisés ou leurs regrets sur leurs enfants, espérant qu'ils atteindront ce qu'ils n'ont pas pu accomplir. Cela peut créer une pression supplémentaire sur les enfants pour satisfaire les aspirations non réalisées de leurs parents.

Les comparaisons avec d'autres enfants peuvent également alimenter des attentes irréalistes. Lorsque les parents comparent leurs enfants à d'autres qui semblent exceller dans certaines activités, cela peut créer une dynamique compétitive et renforcer les attentes démesurées. Les médias sociaux peuvent également jouer un rôle en exposant les parents à des images idéalisées de la réussite d'autres enfants.

Le perfectionnisme parental est une autre cause fréquente d'attentes irréalistes. Certains parents peuvent avoir des normes perfectionnistes pour eux-mêmes, ce qui se reflète dans les attentes qu'ils fixent pour leurs enfants. Le désir d'une perfection constante peut entraîner des exigences démesurées et inatteignables.

Les parents peuvent adopter des stratégies pour réduire les attentes irréalistes et créer un environnement éducatif plus sain. Tout d'abord, il est essentiel de reconnaître et de remettre en question les attentes imposées à l'enfant. Les parents peuvent se demander si ces attentes sont basées sur les besoins réels de l'enfant ou s'ils sont influencés par des idéaux externes.

La communication ouverte est un élément clé pour gérer les attentes. Les parents peuvent expliquer clairement les attentes qu'ils ont pour leurs enfants et créer un espace où les enfants se sentent à l'aise de partager leurs propres désirs, préoccupations et limites. Les discussions ouvertes peuvent aider à ajuster les attentes en fonction des besoins réels de l'enfant.

La promotion d'une attitude positive envers l'effort plutôt que la perfection peut aider à atténuer les attentes irréalistes. Les parents peuvent encourager leurs enfants à faire de leur mieux, à apprendre de l'expérience et à comprendre que l'échec fait partie intégrante du processus d'apprentissage. Cela favorise un environnement où la croissance personnelle est valorisée plus que la perfection.

La reconnaissance des réussites individuelles, qu'elles soient grandes ou petites, est essentielle pour renforcer la confiance en soi des enfants. Les parents peuvent célébrer les progrès et les réalisations spécifiques de l'enfant, soulignant l'importance de l'effort et de la persévérance plutôt que de la réussite absolue.

L'encouragement de la diversité des talents et des intérêts de l'enfant est un moyen de promouvoir des attentes réalistes. Chaque enfant a des compétences, des passions et des aspirations uniques. Les parents peuvent soutenir et nourrir ces aspects individuels plutôt que de les forcer dans un moule préconçu.

La création d'un équilibre entre le soutien parental et l'autonomie de l'enfant est cruciale. Les parents peuvent fournir un soutien et des ressources tout en encourageant l'indépendance et la prise de décision de l'enfant. Cela permet à l'enfant de développer ses propres compétences, d'explorer ses intérêts et de construire sa propre identité.

L'éducation parentale joue un rôle clé dans la gestion des attentes irréalistes. Les parents peuvent participer à des programmes d'éducation parentale pour acquérir des compétences en matière de communication, de gestion des attentes et de promotion du bien-être de l'enfant. Ces programmes peuvent fournir un soutien et des conseils pratiques pour une parentalité plus équilibrée.

Enfin, il est important pour les parents de prendre soin de leur propre bien-être émotionnel. La gestion du stress, la recherche de soutien social, et la pratique de l'autocompassion peuvent aider les parents à maintenir une perspective réaliste et équilibrée dans leurs attentes envers leurs enfants.

**5 outils pour équilibrer vos attentes**

- Connaître le développement de l'enfant :

Informez-vous sur les étapes de développement typiques de l'enfant à différents âges. Comprendre ce qui est réaliste et réalisable à chaque étape permet de fixer des attentes adaptées au niveau de développement de l'enfant.

- Observer les intérêts et les talents individuels :

Chaque enfant a ses propres talents, passions et rythme de développement. Observer et comprendre les intérêts individuels de votre enfant permet de créer des attentes qui favorisent son épanouissement personnel plutôt que de suivre des normes génériques.

- Encourager l'effort plutôt que la perfection :

Concentrez-vous sur l'effort plutôt que sur les résultats parfaits. Encouragez votre enfant à faire de son mieux et à apprendre de ses erreurs. Cela crée un environnement où l'effort est valorisé, indépendamment des résultats.

- Communiquer clairement les attentes :

Assurez-vous de communiquer clairement vos attentes à votre enfant. Expliquez pourquoi ces attentes sont importantes et assurez-vous qu'il comprenne ce qui est attendu de lui. La communication ouverte permet de clarifier les attentes et d'éviter les malentendus.

- Ajuster les attentes au fil du temps :

Soyez prêt à ajuster vos attentes en fonction des progrès et des changements dans la vie de votre enfant. Les attentes doivent être flexibles pour refléter les réalités changeantes de la croissance et des défis auxquels l'enfant est confronté.

# 10. Utilisation de la punition au lieu de l'enseignement

L'utilisation de la punition au lieu de l'enseignement dans l'éducation des enfants peut avoir des implications profondes sur leur développement émotionnel, cognitif et comportemental. Lorsque la punition est privilégiée par rapport à l'enseignement, cela peut créer un environnement disciplinaire négatif, engendrer des sentiments de peur, de frustration et d'injustice chez les enfants, et compromettre leur capacité à développer des compétences d'adaptation saines. Dans cet article, nous explorerons les impacts de l'utilisation de la punition, les raisons qui peuvent contribuer à ce choix, et comment les parents peuvent adopter des approches plus éducatives pour favoriser un développement équilibré de leurs enfants.

La punition, définie comme une conséquence négative infligée en réponse à un comportement indésirable, peut prendre diverses formes, allant de la privation de privilèges à des sanctions physiques. Cependant, l'utilisation fréquente de la punition sans une composante éducative peut entraîner des conséquences néfastes sur le développement des enfants.

L'impact le plus évident de l'utilisation excessive de la punition est sur le plan émotionnel. Les enfants qui sont fréquemment punis peuvent développer des sentiments de colère, de ressentiment, d'injustice et de détresse émotionnelle. La peur de la punition peut également contribuer à une atmosphère de méfiance et de tension entre les parents et les enfants.

Sur le plan comportemental, la punition peut parfois conduire à une réduction temporaire du comportement indésirable, mais elle ne favorise pas nécessairement le développement de compétences d'adaptation positives à long terme. Les enfants peuvent apprendre à éviter le comportement sanctionné sans comprendre pourquoi il est indésirable ni comment ajuster leur comportement de manière appropriée.

L'utilisation fréquente de la punition peut également affecter la qualité de la relation parent-enfant. Les enfants peuvent percevoir les parents comme des figures autoritaires et redoutables plutôt que comme des guides compréhensifs et bienveillants. Cela peut créer des barrières à la communication ouverte, à la confiance mutuelle et à la construction d'un lien émotionnel fort.

Les raisons qui sous-tendent l'utilisation de la punition au lieu de l'enseignement peuvent être variées. Certains parents peuvent opter pour la punition en raison de modèles parentaux antérieurs, reproduisant les méthodes disciplinaires qu'ils ont eux-mêmes expérimentées. La frustration, le stress ou l'impatience peuvent également conduire à l'utilisation de la punition comme réponse rapide à un comportement perçu comme dérangeant.

Les attentes irréalistes des parents peuvent également contribuer à l'utilisation de la punition. Lorsque les parents ont des attentes démesurées pour le comportement de leurs enfants, ils peuvent réagir de manière punitive lorsque ces attentes ne sont pas satisfaites. La recherche d'une discipline rapide peut prendre le dessus sur la volonté d'investir du temps et de l'énergie dans des approches éducatives.

L'influence culturelle et sociale joue également un rôle dans le choix de la punition. Certains parents peuvent être influencés par des normes culturelles ou familiales qui valorisent la discipline stricte et voient la punition comme un moyen acceptable de contrôler le comportement des enfants. Les médias et les représentations populaires de la discipline parentale peuvent également façonner les attitudes des parents.

Pour favoriser un environnement éducatif plus sain, les parents peuvent adopter des approches éducatives alternatives à la punition. Tout d'abord, il est essentiel de reconnaître que l'objectif de la discipline est d'enseigner plutôt que de punir. Une approche éducative vise à aider les enfants à comprendre les conséquences de leurs actions, à développer des compétences d'adaptation et à promouvoir un comportement positif.

La communication ouverte est une composante clé de l'enseignement. Les parents peuvent expliquer clairement les attentes en matière de comportement, les raisons derrière ces attentes et les conséquences possibles des choix comportementaux. Le dialogue permet aux enfants de comprendre les valeurs familiales, d'apprendre à prendre des décisions éclairées et de développer leur propre sens moral.

La compréhension du développement de l'enfant est essentielle pour adopter des approches éducatives adaptées à l'âge. Les enfants de différents âges ont des capacités de compréhension, de régulation émotionnelle et de prise de décision différentes. Adapter les approches disciplinaires en fonction du stade de développement de l'enfant favorise une discipline plus efficace et respectueuse.

La promotion de la responsabilité personnelle est un aspect important de l'enseignement. Plutôt que de simplement imposer des sanctions, les parents peuvent encourager les enfants à réfléchir sur leur propre comportement, à identifier les conséquences de leurs actions et à participer activement à la résolution des problèmes. Cela favorise le développement de compétences d'autorégulation et de responsabilité.

La mise en place de règles claires et cohérentes est cruciale. Les enfants ont besoin de comprendre les attentes en matière de comportement et les conséquences associées de manière cohérente. Des règles bien définies créent un cadre prévisible qui permet aux enfants de développer un sentiment de sécurité et de comprendre les limites appropriées.

Les approches positives de renforcement du comportement

peuvent être plus efficaces que la punition. Plutôt que de se concentrer sur le comportement indésirable, les parents peuvent encourager et récompenser les comportements positifs. Le renforcement positif renforce les comportements souhaitables, encourageant ainsi le développement de modèles de comportement positifs.

La prise de temps pour enseigner activement des compétences alternatives est une stratégie éducative puissante. Plutôt que de simplement punir un comportement indésirable, les parents peuvent consacrer du temps à enseigner à l'enfant des compétences d'adaptation appropriées. Cela peut inclure des compétences de communication, de résolution de problèmes et de gestion émotionnelle.

La recherche de soutien professionnel peut être bénéfique pour les parents qui ont du mal à adopter des approches éducatives. Les psychologues, les conseillers familiaux et les éducateurs peuvent fournir des conseils, des stratégies et des ressources pour aider les parents à développer des compétences disciplinaires éducatives.

Enfin, il est essentiel pour les parents de prendre du recul et de prendre soin de leur propre bien-être émotionnel. La parentalité peut être stressante, et des parents émotionnellement équilibrés sont mieux équipés pour faire preuve de patience, de compréhension et d'enseignement efficace.

## 5 outils pour gérer efficacement les punitions

- Comprendre les causes du comportement :

Avant de réagir, essayez de comprendre les causes sous-jacentes du comportement de votre enfant. Identifiez les émotions ou les besoins non satisfaits qui pourraient contribuer à son comportement. Cela vous permettra de mieux enseigner des alternatives au lieu de simplement punir.

- Utiliser le renforcement positif :

Mettez l'accent sur le renforcement positif en reconnaissant et en récompensant les comportements souhaités. Plutôt que de se concentrer sur les erreurs, offrez des éloges et des récompenses lorsque votre enfant adopte des comportements positifs. Cela renforce les bons comportements et motive l'apprentissage.

- Communiquer efficacement :

Utilisez la communication comme un outil d'enseignement. Expliquez les conséquences des actions de votre enfant de manière calme et constructive. Favorisez une communication ouverte où l'enfant se sent à l'aise de poser des questions et d'exprimer ses préoccupations.

- Impliquer l'enfant dans la résolution des problèmes :

Encouragez votre enfant à participer à la résolution des problèmes. Lorsqu'un comportement inapproprié se produit, discutez avec lui des solutions possibles. Impliquer l'enfant dans le processus de résolution des problèmes renforce son sens de la responsabilité et lui enseigne des compétences d'auto-régulation.

- Établir des attentes claires et conséquences prévisibles :

Définissez des attentes claires pour le comportement attendu et les conséquences en cas de non-respect. Assurez-vous que les conséquences sont prévisibles et en lien direct avec le comportement. Cela aide l'enfant à comprendre les implications de ses actions et encourage une attitude réfléchie.

# Conclusion

Dans ce livre, nous avons exploré en profondeur les défis auxquels les parents sont confrontés dans l'éducation de leurs enfants et nous avons proposé des solutions pratiques pour surmonter ces défis. Chaque chapitre s'est penché sur une erreur commune que les parents peuvent commettre, offrant des conseils efficaces pour les aider à éduquer leurs enfants de manière plus positive et plus constructive.

Nous avons commencé par examiner l'absence de communication, un obstacle majeur qui peut entraver le développement des enfants. En mettant en lumière l'importance de la communication ouverte et de l'écoute active, nous avons montré aux parents comment créer un environnement familial propice à des conversations significatives et à des relations saines.

Ensuite, nous avons exploré le problème du contrôle excessif, soulignant l'importance de favoriser l'autonomie progressive chez les enfants. En encourageant les parents à établir des attentes réalistes et à laisser de la place à l'expérimentation et à l'apprentissage par l'expérience, nous les avons guidés vers une approche plus équilibrée de l'éducation de leurs enfants.

Nous avons également abordé le manque de cohérence, mettant en évidence l'importance d'établir des règles claires et des limites tout en maintenant une approche cohérente dans l'application des conséquences. En adoptant des stratégies pour favoriser la communication ouverte et le renforcement positif, les parents peuvent créer un environnement plus prévisible et sécurisant pour leurs enfants.

Les critiques constantes et les comparaisons avec d'autres enfants ont également été examinées, montrant aux parents comment favoriser l'estime de soi de leurs enfants en mettant l'accent sur les réussites individuelles et en évitant les comparaisons néfastes. En encourageant l'expression des émotions et en établissant des attentes réalistes, les parents peuvent aider leurs enfants à développer une image positive d'eux-mêmes et à s'épanouir pleinement.

La surprotection a également été abordée, soulignant les risques de limiter l'autonomie des enfants en cherchant à les protéger de manière excessive. En favorisant la résolution de problèmes et la gestion des risques, les parents peuvent encourager leurs enfants à développer des compétences d'auto-régulation et de résilience.

L'incohérence émotionnelle a également été discutée, mettant en évidence l'impact négatif que cela peut avoir sur les enfants. En pratiquant l'auto-régulation émotionnelle et en favorisant la communication ouverte, les parents peuvent créer un environnement émotionnellement stable et sécurisant pour leurs enfants.

Enfin, nous avons examiné l'utilisation de la punition au lieu de l'enseignement, en soulignant les avantages d'une approche éducative et de la communication constructive. En adoptant des stratégies telles que le renforcement positif, l'implication de l'enfant dans la résolution des problèmes et l'établissement d'attentes claires, les parents peuvent créer un environnement éducatif qui favorise le développement personnel et le bien-être de leurs enfants.

En conclusion, ce livre a été conçu comme un guide pratique pour les parents qui cherchent à élever leurs enfants dans un environnement aimant, soutenant et éducatif. En explorant les erreurs courantes que les parents peuvent commettre et en proposant des conseils efficaces pour les surmonter, nous espérons avoir offert aux parents les outils et les connaissances nécessaires pour élever leurs enfants avec confiance et compassion. En adoptant une approche positive et constructive de l'éducation, les parents peuvent créer un environnement familial qui favorise le développement sain et le bonheur de leurs enfants, leur permettant ainsi de grandir et de s'épanouir pleinement.

www.ingramcontent.com/pod-product-compliance
Lightning Source LLC
Chambersburg PA
CBHW070759260726
48660CB00005B/1684